La seule vraie passion d'Olivier de Kersauson est la mer. Tout le reste est improvisation, grincements de dents et rires qui tonitruent.

Avec plus d'une centaine de courses à son actif et de prestigieuses victoires, il devient à terre le plus drôle des hommes d'esprit.

Ce Breton de bonne race est au vrai un solitaire, genre tendre et bourru. On dit qu'il a mauvais caractère ; ce n'est pas vrai : il a son caractère et c'est largement suffisant !

Contre vents et marées, l'éditeur du présent ouvrage a tenté de recueillir, entre deux Londres-Sydney et trois tours du monde (dont un en moins de 80 jours), le fruit des reparties, répliques, apostrophes, mots d'esprit et méchancetés superbes de Kersauson. Faute de quoi, le vent et les ondes auraient éparpillé toutes ces trouvailles.

L'éditeur

T'as pas honte?

DU MÊME AUTEUR

Fortune de mer, Les Presses de la Cité, 1976
Mémoires salées, Robert Laffont, 1985
Vieil océan, Flammarion, 1990
Homme libre, Bernard Fixot, 1994

OUVRAGES DE WOLINSKI
AU CHERCHE MIDI ÉDITEUR

Les Pensées, illustrées par lui-même, 1981
La Morale, illustrée par lui-même, 1992

Olivier de Kersauson

T'as pas honte ?

ILLUSTRÉ PAR
Wolinski

COLLECTION
« LE SENS DE L'HUMOUR »

le cherche midi éditeur
23, rue du Cherche-Midi, 75006 Paris

Il n'est jamais trop tard pour être jeune.

Raul Gardini

C'EST TOI QUI ILLUSTRES MON LIVRE? TU AS INTERÊT À ÊTRE DRÔLE!
OUI MONSIEUR KERSAUSON
WOLINSKI

A

ABERRATION

Parler bateau avec une femme, c'est comme parler philosophie avec une mouette.

ACCENT

Une Hollandaise, c'est une Flamande qui ne parle pas belge.

ACTEUR

Dans Blanche-Neige, Guy Montagné jouerait Simplet.

ACTRICE

Il faut faire tourner une femme en bourrique : c'est son meilleur rôle.

ADEPTE

Après le rire, on peut tout dire à quelqu'un : toutes les portes du mental sont ouvertes car un esprit qui vient de rire a accepté de se décaler, de vous accompagner dans le voyage. Il est prêt à tout.

ALBUM

La famille, je m'en suis exilé de justesse. C'était un monde strictement désespérant.

ALÉATOIRE

La vie sur mer est une vie du présent. Aucun passé, et un futur proche qui va être déterminé par la couleur du ciel, l'arrivée des nuages, la modification du vent.

ALTRUISME

Il n'y a que les imbéciles qui rêvent de se transformer en quelqu'un d'autre qu'eux-mêmes.

AMER

La plupart des gens vraiment drôles ont quelque chose à se faire pardonner, soit d'être moches, soit de manquer de confiance en eux, soit de ne pas être ce qu'ils auraient voulu être. Au fond d'eux-mêmes, ils sont tristes et beaucoup trop lucides.

AMIRAL

Je ne suis ni soupe au lait, ni capricieux, ni tête de lard, mais je ne suis pas non plus quelqu'un qui se laisse faire. Je parle peu, en mer ou à terre, si je dis quelque chose c'est que j'ai mes raisons. Pareil dans le travail : ou on me fait confiance et on ne discute pas ce que j'avance, ou on ne me fait pas confiance et on s'en va.

AMITIÉ

En course, je deviens chaleureusement inhumain.

AMOUR

Je suis fidèle à la mer. Avec les femmes, je n'ai jamais prolongé très loin l'expérience.

AMUSANT

Le poisson qui me bouffera est pané.

ANALYSE

La vulgarité c'est presque toujours de la grossièreté qui a honte.

ANCIENNETÉ

Aujourd'hui les hôtesses d'Air Inter ont en général deux fois l'âge de l'appareil.

À POINT

Jeanne d'Arc n'a pas sauvé la France en étant guerrière, mais en étant combustible.

APPÂT

Les femmes célibataires d'un certain âge, on ne peut les attraper qu'avec de l'antimite.

APPEL

Lorsque j'entends les trains passer, ils me rappellent le bruit du récif. Je dois me raisonner pour ne pas foncer vers un aéroport et repartir immédiatement vers les atolls.

APPELLATION

Quand on a l'habitude de vivre dehors, chaque ciel, chaque heure, chaque matin est un visage qu'on reconnaît et dans lequel on sait lire...

... Moi, quand je me promène sur mer, je ne la vois pas toute bleue, comme se la représentent la plupart des gens. Je vois différentes teintes changeantes. Je reconnais parfois des formes de mer, comme si je revoyais le visage de quelqu'un perdu de vue depuis dix ans. Ce sont des rides, des souffles d'eau, des tailles de vagues, des petites crêtes qui se ressemblent... Cela fait partie de ma culture.

APPÉTIT

J'aime les filles qui ont des bouilles à baise.

APRÈS

J'aime les légendes bretonnes. L'une d'elles, ancienne et mélancolique, prétend que les marins péris en mer se transformeront en jolis poissons pour l'éternité. J'aimerais devenir un dauphin.

ARÈNE

Les cimetières sont un scandale, une imposture, une hypocrisie. Les enterrements sont grotesques. Une fois qu'on est mort, la viande n'est plus bonne qu'à être jetée aux chiens.

ARGUMENTATION

Quand le marin remet pied à terre après une longue pause d'abstinence, curieusement, la première femme qu'on aperçoit paraît toujours toute belle. Même celle qui n'est pas terrible retrouve toute sa féminité. La voici sublimée soudain par le regard de celui qui revient de mer. Pour moi, ça me fait le même effet que lorsque, après l'hiver, vous retrouvez les premières fleurs du printemps qui renaît. Ce n'est pas la fleur que vous sentez, mais c'est l'histoire de la floraison tout entière ; et c'est ce qui va éveiller l'émotion. Ainsi, la première femme que vous retrouvez à terre vous rappelle toute l'histoire de l'amour ; c'est ce qui la rend si belle, si désirable.

ARITHMÉTIQUE

Il y a des femmes, au premier coup d'œil, on voit qu'on est le millième.

ARMOIRIES

Les seuls liens qui existent entre les Bourbons et moi, c'est l'eau de Perrier et les glaçons.

ARRÊT MOMENTANÉ

La télévision, la radio, ce sont des escales, pas des ports d'attache.

ARTISTIQUEMENT PARLANT

La mer varie selon l'éclairage, l'heure, la position du soleil, les nébulosités, la force du vent, la forme des vagues. C'est infini, les couleurs changent sans cesse et on est toujours surpris, émerveillé et parfois effrayé lorsqu'on se trouve dans des tempêtes de neige sur une mer noire avec un horizon complètement bouché. En plus, quand je vais voir la mer à La Trinité-sur-Mer, je sais qu'elle continue jusqu'à Tahiti. Et c'est un peu comme si j'apercevais les rivages de là-bas. Au bord de l'eau, je retrouve très vite ce qu'ont été mes rêves et ce qu'a été ma vie.

ATMOSPHÈRE

Les femmes et les bateaux peuplent mon imaginaire. Entrer dans un port inconnu, c'est comme aborder une femme pour la première fois. Il y a les ports que l'on fuit, d'autres où l'on pourrit ; des ports où l'on s'endort, où l'on répare, où l'on fait la fête ; enfin, des ports où l'on décharge.

ATTRAPE-NIGAUD

La psychologie féminine est toujours une escroquerie, sans quoi les femmes ne nous étonneraient plus. Or, elles nous surprennent toujours.

AU REVOIR

La femme idéale ? C'est celle qui est partie.

AUTHENTICITÉ

Écrire un roman ? Vous plaisantez. Je préfère le vivre.

AUTODIDACTE

J'ai failli avoir la médaille de sauvetage mais le type que j'allais sauver je l'ai rejeté à l'eau car en fait je n'aime pas les médailles.

AVENTURE

Le départ d'une course, c'est une naissance. La naissance des craintes et des espoirs.

AVERSION

Ne dites jamais de mal des cons, s'il n'y en avait pas autant, notre vie serait beaucoup plus difficile.

AVEUX

Oui, j'ai une femme ; on a ses bonnes œuvres.

B

BERCEUSE

Le tangage et le roulis facilitent l'amour en mer : on laisse faire.

BERGER

Sur mon passeport : navigateur. Certains gardent les moutons. Moi, je garde les vagues.

BESOIN

Je me suis beaucoup plus fréquemment découvert en manque de vagues qu'en manque de terre.

BÊTE

Sim est très intelligent pour un animal.

BIBLIOTHÈQUE

Éric Tabarly, en matière de bateau, est intarissable. Il détient une culture maritime considérable, c'est une encyclopédie flottante.

BIEN-ÊTRE

La vraie violence est silencieuse. Ça se passe au niveau de l'âme, du secret, pas au stade des coups dans la gueule. La vraie violence est sans éclats. Elle porte en elle ses propres capacités de maîtrise.

BILAN

À la moitié de ma vie, je ne possède toujours rien, sinon une montre et un tas de projets.

BLAGUE

J'ai pratiqué le gag de la pharmacie avec un réel bonheur. La prétention des pharmaciens !

Je poussais la porte avec une liste dans la main, et commençais à lui demander une série de médicaments très habituels pour qu'il ne se méfie pas. Puis je passais aux laits, concentrés, en poudre, en granulés, en lui faisant sortir marque après marque. Ensuite je passais aux petits pots pour bébés, avec nouveau choix de marque, puis épinards, carottes, crevettes-framboises, etc., jusqu'à ce que son comptoir soit recouvert. Alors, brusquement, je lui demandais : « Et après les petits pots aux petits pois, vous me mettrez deux tranches de jambon, et cent grammes de gruyère râpé ! » Il était fou de rage. Je venais de lui démontrer patiemment qu'il était épicier, ce qu'ils sont en réalité tous. Être ravalé à ce rang, il ne supportait pas, il fulminait. Il n'y a pourtant rien de honteux à cela...

Je l'ai fait plusieurs fois avec un réel plaisir. Après tout, ils nous embêtent assez avec leurs histoires d'ordonnances où vous n'avez jamais le bon papier. Alors, chacun son tour, non ?

JE VOUDRAIS DE LA MORT-AUX-RATS
VOUS AVEZ UNE ORDONNANCE?
WOLINSKI

BONNES MANIÈRES

Savoir mourir est une belle démonstration de savoir-vivre.

BONTÉ

Je n'ai rien contre les femmes, sans quoi je serais sévère.

BRONZER

La nuit est délibérément mystique. Sous la lune, c'est le cerveau qui tourne ; au soleil, c'est le corps.

BROUTILLE

Si on me donnait cent millions de dollars, je ne changerais rien à mon existence. Il me serait impossible d'en avoir une meilleure.

BRUIT

En mer, je retrouve ma langue naturelle : le silence.

C

CABOCHARD

Comme je ne manifeste ni adhésion ni rejet, les discours coulent sur moi telle l'eau sur les plumes d'un canard.

CADEAU

Les contractuelles ne passent jamais trop près des poubelles. Elles ont peur qu'on les ramasse avec.

CALEMBOUR

Les Sénégalais sont infidèles : ils tirent ailleurs.

CAMPING

En attendant de retrouver le vent, je fume cigarette après cigarette. Dans cet océan figé, les mégots entourent mon beau bateau et me narguent. Avec tous les vêtements qui sèchent au soleil, mon puissant trimaran ressemble à une caravane de romanichel posée au beau milieu d'un gigantesque cendrier.

CAPRICE

Planté dans les calmes, le bateau reste immobile. Plus de vent. Par moments, une brise gonfle les voiles. Le bateau reprend de l'élan, repart, et puis la voilure se détend, on s'immobilise à nouveau. On a l'impression d'être trahi par le temps, la même sensation douloureuse et rageuse que l'on ressent avec une femme qui vous a aguiché toute la soirée et qui, devant la porte cochère, minaude : « J'ai la migraine. Je rentre me coucher. Merci pour l'exquis dîner. À bientôt. » Et tourne le dos, vous plantant sur le trottoir.

CARACTÈRE

Je suis timide. Je n'adresse jamais la parole en premier. Je n'aime pas non plus qu'on me parle.

CERVEAU

Pourquoi Freud ? Parce queue.

C'EST POUR RIRE

Les femmes sont toujours au régime : 0 % de matière grise.

CHAGRIN

Ce qui m'a fait le plus de peine lorsque Dassault est mort, c'est de ne pas être sur la liste de ses héritiers.

CHAÎNON-MANQUANT

L'humour en Grande-Bretagne est indispensable : quelqu'un qui en est dépourvu, c'est un infirme !

CHAMADE

En mer, dans les trous d'obus, on ne trouve pas d'athées.

CHANCE

Je remercie les femmes qui m'ont laissé tomber au cours des années. J'ai découvert le chagrin, la solitude et le bonheur d'être aujourd'hui avec des femmes de vingt ans.

CHANGEMENT

Il faudrait que Paris soit au bord de la mer, alors ce serait le plus bel endroit du monde. Peut-être que grâce à l'air salé les Parisiens deviendraient moins grognons.

CHARIVARI

Quand je navigue, ce n'est pas ma vie ni ma vie familiale qui m'occupent l'esprit, c'est ma vie maritime. Les époques et les dates se superposent, se mélangent parfois, mais reviennent toujours ces histoires d'amour successives que j'ai eues avec les bateaux.

CHŒUR

Je pense que la vie réelle est dans la solitude. Parce que tout ce qui est important dans la vie se passe seul. L'émotion est solitaire. Même le voyage de l'amour est un voyage en solitaire...

CHOISIR

La mer, c'est la partie de la terre que je préfère.

CLAIRVOYANCE

N'ayant pas d'illusions sur moi, j'en ai très peu sur les autres.

CLAIR-OBSCUR

Selon son humeur, la mer change de couleur. Ce n'est pas seulement le Grand Bleu. C'est aussi le Grand Vert infect, le Grand Blanc ourlé, le Grand Gris glacé, les aubes navrantes, le soleil qui troue le ciel rougeoyant. Une superproduction en cinémascope dont le héros serait un mec sur un bateau solide et résistant comme l'acier trempé, et aussi, face au grand océan, frêle comme un papillon de mai.

CLANDESTINITÉ

Le monde de la mer exclut tout le reste. Les souvenirs de terre restent à quai.

CLOWN

Je peux inventer n'importe quoi pour faire rire. Mais quand quelque chose me touche, je me tais.

CODE

Quand un cachalot vient de droite, il est prioritaire. Quand il vient de gauche aussi.

COMBAT

Parfois la course en solitaire devient une course en solitude. Les gestes deviennent un rituel dans un univers où rien ne dépend de nous, mais du temps, du vent, de la marche en bateau. On est totalement pris par le navire. La terre se réduit à une idée molle, comme un souvenir lointain.

COMÉDIE

Le machisme n'a aucun intérêt. Les femmes ne sont faites ni pour être commandées ni pour obéir. Elles existent pour être regardées, écoutées, aimées. Elles sont source d'émotions. D'ailleurs, à mon avis, le paradis terrestre, ce fut quand Ève arriva. Et l'enfer, ce fut lorsque Adam en prit l'habitude.

COMMUNICATION

Celui qui va prendre la mer n'arrive jamais à dire à celui qui reste ce qu'il aimerait entendre, et réciproquement.

COMMUNIQUANT

En mer, pour transmettre mes messages au PC-course, je passe des heures au télex, à taper avec deux doigts sur un clavier. J'éprouve la sensation de débuter un cours de dactylographie, assis sur le tan-sad d'une moto roulant à tombeau ouvert le long d'un chemin de ferme : quand je vise la lettre T, je frappe la touche U. J'écume.

COMPAGNON

Voir mourir son bateau, c'est voir mourir son rêve. Avec un bateau, on a encore et toujours des projets, des aventures à vivre.

COMPENSATION

La misère a été inventée pour que les pauvres n'aient pas trop de chagrin au moment de mourir.

COMPÈRE

Tout le monde comprend qu'un bijoutier sache déjà, à la tête de son client, ce qu'il va lui vendre. On ne fait rien d'autre. À la tête de la mer, on sait ce qu'elle va nous apporter. On devient hyperréceptif. On peut même sentir la terre. Si vous êtes sous le vent, il y a son odeur. L'air devient gras. Tahiti, par exemple, je la prends à cent kilomètres. L'île est encore loin, invisible. Mais ça sent déjà le cocotier.

COMPLICITÉ

Il fut un temps assez bref où, comme tout le monde, une grosse bagnole me faisait envie. Depuis longtemps, cette fringale de posséder la panoplie complète de l'électroménager, des fringues, du mobilier m'est sortie de l'esprit. À Brest, je vis dans une chambre au-dessus d'un garage. Je n'ai pas de lit : un matelas me suffit. Parfois, j'y pose un drap, sinon un duvet fait l'affaire. Il y a une chaise, un bureau où se bousculent mes dossiers en vrac, et quelques étagères bon marché. C'est plutôt spartiate et le ménage laisse à désirer. Mais je suis à quelques encablures à peine de mon bateau. Parfois la nuit, je me réveille. Le vent souffle et fait cogner mes volets mal fermés. Bien emmitouflé dans mon blouson, je marche jusqu'à la marina. Là, je le vois : amarré au ponton « Visiteurs », mon bateau tire sur ses amarres, la brise fait siffler les drisses et les étais. Je grimpe à bord. Nous sommes seuls lui et moi : on flirte.

JE T'AIME
WOLINSKI

COMPRÉHENSION

Il n'y a pas trente-six manières de dire non, il n'y en a qu'une : dire oui et ne rien faire.

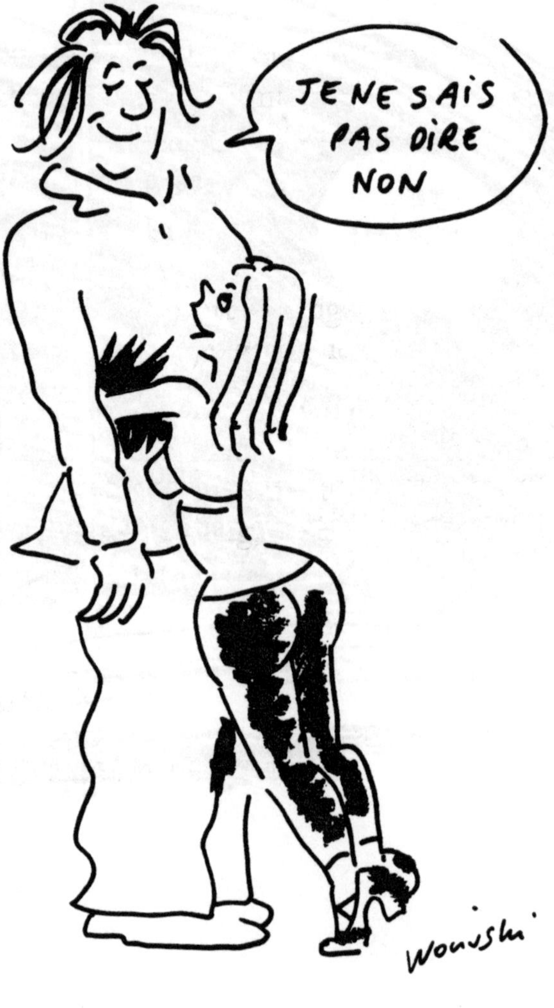

CONCESSION

Lorsqu'un syndicaliste et un patron acceptent de se serrer la main, c'est généralement que l'un des deux vient d'accepter de se serrer la ceinture.

CONCURRENCE

J'aime les homosexuels, j'adore les homosexuels, je suis pour leur prolifération ! Imaginez six cents homosexuels, c'est six cents hommes sur un bateau, amarres définitivement larguées : c'est autant de femmes à consoler pour ceux qui restent !

CONFIDENCE

Naviguer, c'est frôler sans cesse le corps onctueux d'une femme qui, dès lors, est interminable. La mer lamée de mauve, c'est sa peau lascive où la coque s'introduit. C'est d'un érotisme subtil, onirique, étrange, secret.

CONFRÈRES

Il est plus facile de parler de maladie en étant malade que d'être drôle en parlant comique.

CONSTAT

Quand un marin se baigne, c'est toujours pour la dernière fois.

CONTREPARTIE

Ma mémoire m'a toujours servi d'intelligence.

CRÉATION

La mer a le visage de l'éternité. Un arbre, un paysage terrestre, si imposants soient-ils, ont toujours une fin. La mer, elle, est immuable : elle n'a pas changé et ne changera jamais. Naviguer, c'est voyager dans le temps. Pouvoir partager le même spectacle que Christophe Colomb, contempler les mêmes horizons, admirer les mêmes vagues et les mêmes couleurs. Exactement les mêmes. Pour une raison simple : la folie humaine n'a jamais rien pu bâtir au large.

CUISINE

Contrairement à la rumeur, la raie au beurre noir n'est pas une recette sénégalaise.

D

DANGER

Les baleines ? Ça abîme les bateaux. Il y en a plein de ces pétasses. Elles se multiplient, copulent à tout va. Vous vous imaginez un ptérodactyle qui vous déboule dessus ? C'est pareil. J'en ai rencontré une en plein Atlantique. Ça vous arrête net un bateau de quarante tonnes, lancé à dix nœuds. C'est comme du bétail en vagabondage sur un chemin de ferme. C'est « vachement » dangereux.

DÉBAUCHE

Il faut donner ses organes. Moi disparu, cela me ferait plaisir que mon sexe s'amuse encore.

DÉCALAGE

J'ai toujours regardé le monde avec une certaine dérision.

DÉCOUVERTE

Chaque femme que j'ai rencontrée m'a fait faire un incroyable voyage. Tant et si bien que parfois je me demande si c'est elle que j'aimais, ou bien le voyage que nous étions en train de faire.

DÉCOUVRIR

En passant le cap Horn, on vient des quarantièmes rugissants et on a hâte que l'hiver soit fini. Le lundi, on est en ciré. Le mardi, on enlève le haut. Le mercredi, le bas. C'est un strip-tease océanique.

DÉDUCTION

Quand les bourgeois te disent que tu es odieux, tu as l'impression d'être dans le vrai.

DÉFI

Tout individu qui s'aventure dans les quarantièmes se retrouve en quelque sorte dans la position d'Icare essayant de voler.

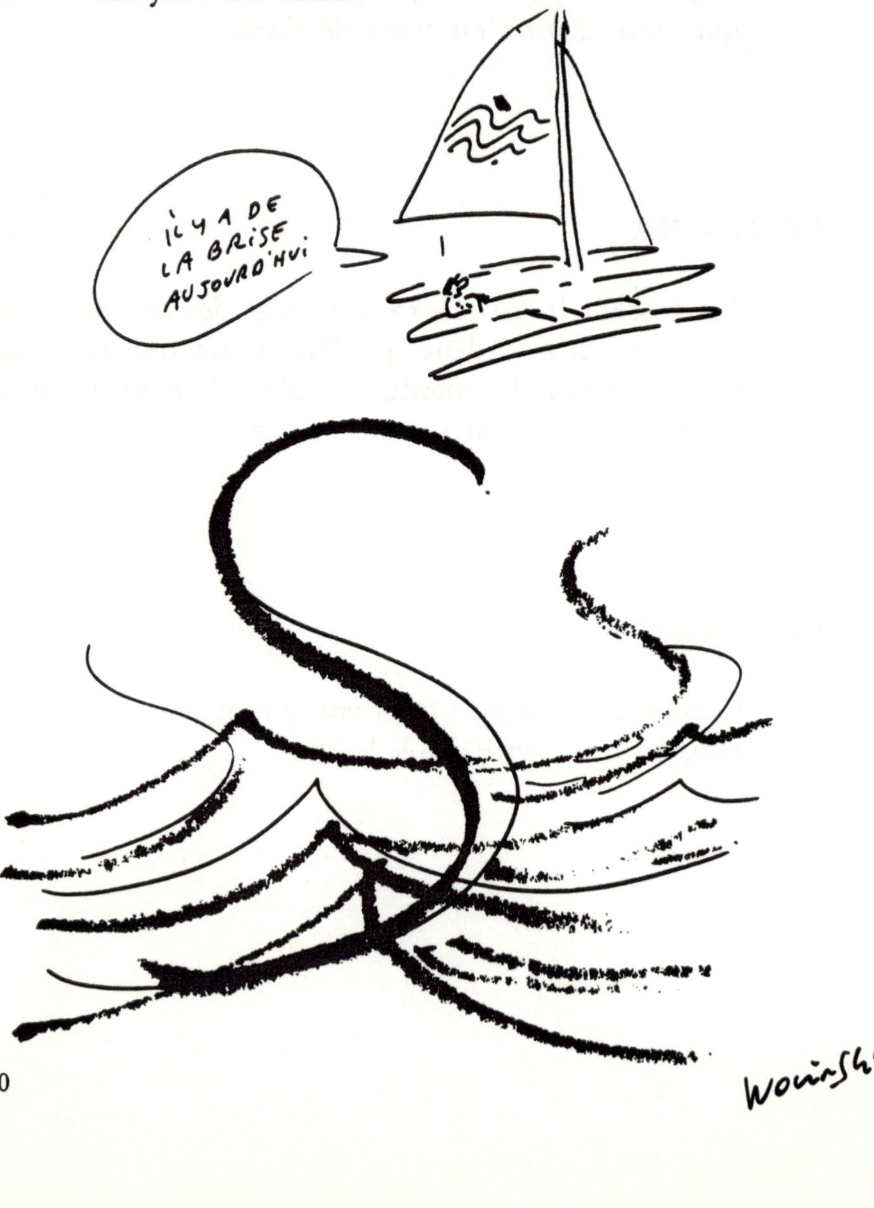

DÉFRICHEUR

Les alcooliques tuent sur les routes, il faut supprimer les routes.

DÉGRADATION

Les femmes sont passées du balai à l'aspirateur, de l'aspirateur à la mobylette, de la mobylette à l'égalité, et de l'égalité à la solitude.

DEGRÉ

Comme tous les modes d'expression, le rire a besoin de temps faibles, sans quoi il est outré.

DÉGUSTATION

Ce qui différencie la choucroute mâle de la choucroute femelle, c'est que dans la choucroute mâle il y a de la saucisse.

DÉONTOLOGIQUEMENT PARLANT

Lorsque je rencontre des gens qui me disent : « Ah ! ce que vous me faites rire avec votre émission, vous êtes fantastique », cela me gêne. J'accomplis cette activité pour recevoir de l'argent, rien de plus. Si un beau matin je dis à quelqu'un qui balaie les rues de Paris : « Ah ! c'est merveilleux ce que vous faites, quel beau métier », il va me coller son balai à la figure, et il aura raison.

DÉPANNAGE

Les histoires drôles me font toujours la sensation d'une compensation. Elles sont là en cas de pénurie de l'esprit.

DÉPART

La mort est une libération. Surtout pour la famille.

DÉRISION

Étant persuadé que la vie est une tartine de merde, l'espérance de vie de la femme étant supérieure à celle de l'homme, c'est une réalité qui m'enchante.

DÉRIVE

Les rapports des femmes et des hommes sont devenus très compliqués. On en est arrivé à des espèces de matchs nuls : les hommes ont perdu l'accès à une certaine forme de féminité, censée les irriguer de rêve, ils sont desséchés ; les femmes ont perdu simultanément l'accès à une certaine forme de masculinité, censée les épanouir, elles sont desséchées elles aussi. Tout le monde se retrouve à égalité, à la dérive dans une espèce de mer des Sargasses, tels des vaisseaux fantômes au milieu d'épaves d'histoires d'amour.

DESCRIPTION

Jean-Pierre Coffe n'est pas chauve, il est juste dégarni, comme la choucroute du pauvre.

DÉSERT

Vivre des mois de sa vie avec pour tout décor cette immensité liquide qui forme un perpétuel cercle autour, entendre le continuel frissonnement des voiles, regarder durant des heures les formes des nuages, s'extasier des nuits entières à contempler l'infinité des étoiles, modifient certaines natures humaines. La mer aussi a ses ermites.

DÉSIGNATION

À l'étranger, j'ai le label French Lover Export.

DÉSIR

C'est difficile de se réveiller le matin avec une femme superbe à ses côtés : tout le repos compensateur de la nuit s'en va en fumée.

DESTIN

Ce que l'on n'ose pas être, on ne l'est pas.

DESTINÉE

Après une enfance malheureuse, un âge adulte médiocre, je me prépare à une vieillesse sordide.

DEVISE

Je n'ai pas d'habitudes, hormis celle de ne pas en avoir.

DIFFÉRENCE

L'érotisme n'est pas la pornographie. De même que la mobilisation n'est pas la guerre.

DIRECT

Je ne devise pas : je vise.

DISPONIBILITÉ

Il y a certaines femmes chez qui on préfère être invité, comme ça quand c'est fini on peut partir quand on veut.

DISSUASION

Les biceps sont les CRS des capitaines.

DISTANCE

On ne voit jamais plus loin que lorsqu'on est monté sur son portefeuille.

DOMINATION

En amour, le rapport de forces n'est pas une conquête, c'est un naufrage.

DOULOUREUSE

En mer, on ne peut pas se tromper. Si on se trompe on paie tout de suite l'addition. Et elle est salée.

DRAGUE

Elle est tellement laide qu'il n'y a qu'un ascenseur qui peut la coincer.

DRAME

À terre, même dans les moments les plus sombres, la vie recommence toujours le lendemain. En mer, lors d'une tempête, on éprouve un sentiment de piège pour l'éternité.

DROGUE

Je peux rester quatre mois sur un bateau sans revoir la terre. L'inverse m'est impossible.

DRÔLE

Les Québécois sont des Belges qui n'ont pas eu de chance.

E

ÉCHAUDÉ

Je n'ai pas le culte du souvenir : je n'ai rien conservé, ni de mes voiliers, ni de mes femmes.

ÉCHÉANCES

Les femmes se rident plus tôt et s'enterrent plus tard.

ÉCHO-DELÀ

On sait que les morts ne parlent plus mais qui peut dire qu'ils n'entendent pas ?

ÉCOLE

Les gens sont de moins en moins cultivés. On dirait qu'ils prennent des cours par correspondance et que la grève du courrier est permanente.

ÉCOLOGIE

Tous les pays se ressemblent. La connerie est apatride.

ÉCORNIFLEUR

Il est très difficile d'être pris au sérieux quand on a le goût du rire.

ÉDICTER

À force de défendre une idée les hommes politiques l'érigent en évidence soi-disant collective, et que je te la rapièce, et que je te la renforce, et que je te la consolide, elle devient un blindage mental.

ÉDUCATION

Je ne cause pas aux filles. On ne parle pas avec son sandwich.

EFFICACITÉ

À bord, il n'y a pas de place pour la psychologie de groupe.

ÉGALITÉ

Il faut arrêter de dire des femmes qu'elles sont moches parce qu'elles ont du pognon : il ne suffit pas d'être riche pour être moche.

ÉGOÏSME

Faire le bonheur des autres, pourquoi pas ? À condition qu'ils ne se mêlent pas du mien.

ÉLÉGANT

Un maquereau, c'est un monsieur qui permet à des jeunes filles de marcher sur le trottoir sans se faire attaquer, et, en plus, d'en tirer un bénéfice substantiel. C'est un gentleman.

ÉLITE

Un seul spermatozoïde sur trois millions atteint l'ovule : chaque fornication est un holocauste.

EMBALLAGE

La croûte, c'est la viande séchée du vampire.

ENFANTÉ

Je suis pour les mers porteuses.

ENGRAIS

La terre des cimetières est la plus riche en phosphore. Il y a les os, la moelle des machabées, la viande, les vers qui aèrent la terre, une terre très vivante ! Très riche en protéines !

ENLISEMENT

Je suis tellement jaloux de lui que mes meilleurs moments ont été les siens.

ENNUI

Quand Claude Sarraute raconte une histoire, elle tient toujours ses promesses : dès le début on sait que c'est ringard.

ENVIE

La jalousie part toujours d'une profonde ignorance.

ENVIRONNEMENT

Je vis dans la déchéance quand je regarde les gens que je fréquente.

ÉPHÉMÈRE

Il y a des artistes qui peignent des tableaux. Moi je peins un sillage blanc sur le bleu des mers.

ÉPICERIE

Les Japonaises sont aussi bandantes qu'un sac de riz.

ÉPOUVANTAIL

Sim a une tronche à faire peur aux méduses.

ÉPREUVE

Au retour d'un tour du monde, les hommes sont tellement lavés par la mer que cela se voit dans leur regard. Ils ont une force particulière, physiquement et moralement, et cette alliance est rare, complète, puissante. J'apprécie les yeux des marins à l'arrivée d'une course longue, et leur attitude aussi. Il n'y a alors plus de prétention, seulement une reconnaissance des faits.

ÉQUIPIER

La finalité de tout contact est, pour moi : « Est-ce que celui-ci, ou celle-là, je les prendrais dans une traversée, et que se passerait-il si le voyage tournait mal ? »

ERMITE

Mon ordre mental m'entraîne à penser, réagir, vivre, décider seul.

ESPRIT

J'adore le comique instantané. Trouver l'instant où, d'un point de départ insignifiant, je vais faire une arrivée fabuleuse.

ESSENTIEL

Si on me retirait la mer de la tête, il ne resterait pas de quoi faire un Nescafé.

ESTHÉTISME

Je cultive l'art de déplaire.

ÉTAPE

Il disait être de bonne composition, il voulait plutôt dire de bonne décomposition !

ÉTERNITÉ

La mer n'a pas de mémoire. Entre trente et soixante-dix jours, il n'y a guère de différence dans le souvenir. La pureté vient de cet oubli.

ÉTOURDERIE

La générosité n'est qu'une distraction de l'égoïsme.

ÉTRANGER

Je suis toujours à Paris comme touriste. Un oiseau de passage. Je suis un goéland de l'asphalte.

ÉVALUATION

En mer, il m'est arrivé d'avoir les mêmes émotions, presque les mêmes troubles, sûrement le même regard, qu'avec une femme. C'en est peut-être une d'ailleurs, gigantesque, la mer. Tout s'explique, voilà pourquoi j'aime tant aller dessus...

ÉVANGÉLISME

L'amour est une drogue qui s'appelle l'émotion. En amour, comme avec toutes les drogues, il y a danger d'accoutumance si l'on en use trop régulièrement.

ÉVIDENCE

Pour savoir qu'un verre est de trop, encore faut-il l'avoir bu.

ÉVOCATION

Une coque, même pourrie, même réduite à l'état d'épave, sent encore l'aventure. Essayez donc d'atteindre une similitude sentimentale face à une carcasse avariée à quatre roues.

ÉVOLUTION

Les femmes roulent trop vite, depuis qu'elles se sont lancées dans les affaires. Pour tomber amoureux, il faut bénéficier d'un accrochage. Ou d'un ravitaillement autour d'une pompe à essence. L'amour parisien est devenu un rallye automobile.

EXPÉDITION

Le cerveau d'une femme, c'est vide, c'est vaste, c'est le désert. En un mot, c'est l'aventure !

EXPÉRIENCE

Le regard des hommes qui reviennent du combat est plus beau que celui de ceux qui y partent. Il est plus raisonnable.

EXPERTISE

Le réel c'est uniquement l'argent. Le reste ne compte pas.

EXPLOSIF

Isabelle Mergault, c'est davantage un pétard qu'une bombe sexuelle.

F

FACILE

Marie Curie était vendeuse au rayon X.

FACILITÉ

Ce qui est évident n'a aucun intérêt.

FAMILIARITÉ

Sous prétexte qu'on les fait rire, les gens se croient obligés de vous tutoyer.

FAIRE PLAISIR

Les femmes adorent qu'on leur apporte des fleurs et qu'on leur dise qu'elles sont belles. Le plus difficile, c'est de ne pas rire.

FARCES ET ATTRAPES

Je me suis marié, sachant que c'était la seule connerie que je n'avais pas faite.

FARCEUR

Tout gamin à La Trinité-sur-Mer, je m'amusais à plonger sous les bateaux des vacanciers pour amarrer discrètement leurs gouvernails au quai, à l'aide de longs cordages. Il fallait voir le spectacle ! Les frimeurs larguant leurs amarres en bombant le torse : « Nous partons pour l'Espaaaaagne cette année », avec tout le monde agitant les mouchoirs sur le ponton. Et soudain, d'un seul coup, le bateau qui n'avançait plus, les efforts en vain... l'effet impayable de l'« aventurier » ridiculisé. J'adorais ça.

FATALISTE

Tout arrive, même rien.

FIN

La mort, c'est quelqu'un qui vous coupe le bouton de la télé, qui arrête le film au moment où vous avez envie de voir la suite.

FLOTTEMENT

Sur un bateau, il y a toujours un peu de vague à l'âme.

FORCE

Il est moins important de frapper que d'avoir la réputation d'un puncheur.

FORT EN GUEULE

J'ai souvent rencontré des mecs qui se vantaient d'avoir essuyé des tempêtes sur la mer bretonne en été. Là, je me marre, parce que les tempêtes sur la mer bretonne en été, il n'y en a pas. Il peut y avoir du gros temps, des vents de trente-cinq à cinquante nœuds, mais ce que la plupart des gens prennent pour de la tempête n'est rien par rapport aux conditions moyennes dans lesquelles on vit quotidiennement quand on navigue dans le Sud.

FOURRIÈRE

La ceinture de chasteté, c'est le sabot de Denver de l'amour.

FRIME

Les yachts ne savent de la mer qu'une vague de béton : celle d'un quai.

FRONTIÈRE

La communauté du rire est plus forte que celle des idées.

G

GAGNER

Dans une course, quand un concurrent a des emmerdements, ça s'arrose. Quel bonheur ! On applaudit ! On se frotte les mains ! À quand le prochain ?

GÉNÉALOGIE

Une femme n'est pleinement satisfaite que si elle paraît dix ans de moins que sa fille.

GÈNES

Les fils des mères abusives deviennent souvent des tantes abusives.

GENTILLESSE

Carlos a tellement accepté de rester un enfant qu'il est devenu un adulte formidable.

GIROUETTE

Elle est du genre à faire tourner les têtes, mais pas dans le bon sens.

GOÛTS

Le sexe ne diffère pas pour moi du dessin, de la musique, si ce n'est que la musique me fait chier alors que j'adore le sexe.

GRAMMAIRE

Le maquereau est le mâle de la morue.

GRANDEUR

Il faut mépriser l'argent, surtout la petite monnaie.

GRATUITÉ

Je ne fais jamais semblant, pour rien.

H

HABITUDE

Après un mois en solitaire, il est difficile de parler à quelqu'un. Échanger quelques mots avec n'importe qui est tout sauf évident. C'est comme si vous demandiez à quelqu'un qui est resté assis un mois de courir subitement un cent mètres. Forcément, aucun marin n'est bavard à l'arrivée.

HANDICAP

Il y a des femmes d'un certain âge qui n'ont plus que les jeunes à qui plaire car tous les autres sont déjà morts.

HARMONIE

Je ne tolère pas de scène de ménage ni de psychodrame à mon bord. Si j'entre dans l'exercice coupable de qui a tort et qui a raison, je me transforme en éducateur-moniteur d'école de voile.

HORIZON

Le futur, c'est quand tout ira mieux et que nous serons trop vieux pour en profiter.

HUMILITÉ

Au fil des vagues, on redevient comme le premier homme. On retrouve son regard, sa naïveté, son inconscience ; on reçoit comme lui un cadeau colossal, quelque chose qui n'a pas de nom, pas de limite, le souffle du monde. L'histoire humaine n'a plus de sens, celle de la France se transforme en ragot d'une vanité effrayante. Il est rare et prodigieux pour un être humain de dépasser ainsi les bornes rassurantes du décor de sa toute petite vie, pour se déployer dans toute son ampleur face à l'origine de l'univers, aux continents à la dérive, aux volcans qui explosent, aux océans qui n'ont cessé de battre, de revivre l'histoire gigantesque qui le concerne, la vraie, celle de millions d'années. Son voyage prend alors une autre dimension, et je préfère appartenir à cette aventure qu'à un parti, à un état ou à un pays.

HYGIÈNE

Il est possible de tout faire dans la vie, absolument n'importe quoi, mais jamais avec n'importe qui.

HYPOCRISIE

En France, on dirait qu'il faut avoir la gravité des cons pour être pris au sérieux. Quelqu'un qui parle pour ne rien dire, la tête entre les mains, on trouve ça formidable. Faire rire est suspect.

I

ILLUSION

On ne devient pas marathonien en allant acheter une carte à la fédération de course à pied.

IMAGERIE

L'humour de Jugnot ressemble beaucoup à un dessin humoristique dont lui-même serait le crayon.

IMAGINATION

S'il n'y avait pas cette éternelle volonté de dépassement de soi, on en serait encore à frotter des silex dans les cavernes pour s'allumer un feu.

INATTENDU

La mer, c'est le dernier endroit où l'imprévu revêt encore une importance. Quand on quitte Montparnasse pour aller à Brest, il y a très peu de chance de rencontrer un bison sur les rails. En mer, on trouve encore des bisons sur les rails.

INDÉLICATESSE

J'ai toujours considéré que le fait de mettre des contraventions à un automobiliste était signe d'une mauvaise éducation.

INDÉPENDANCE

Je refuse d'entrer dans les règles qui n'existent que dans la tête de leurs inventeurs.

INDISPENSABLE

Beaucoup de marins ont réussi à se passer de femmes, aucun n'a pu se passer de la mer.

INDULGENCE

Une femme mariée est une femme qui n'a pas le courage de faire le trottoir.

INÉLUCTABLE

Il s'est suicidé en mer pour échapper à son cancer : il a quand même fini bouffé par le crabe.

INFINI

Sur l'eau, toutes les idées, les modes, les manières de penser deviennent négligeables, retournent au néant d'où elles n'auraient jamais dû sortir.

INJUSTICE

Celui qui paie le plus pour un crime, c'est toujours la victime.

INTROSPECTION

Que de temps perdu à croire que l'on est malheureux.

INVESTISSEMENT

Je pourrais faire fructifier mon humour en sicav médiatique, cela me ferait une belle rente. Mais amuser la galerie ne m'amuse pas toujours.

J

J'AI SÛREMENT DIT CELA POUR RIRE

Sous l'Occupation certaines femmes couchaient avec des Allemands juste pour économiser le coiffeur.

JAMBON

Les cochons, c'est pas sale, ils ont seulement un costume rose très salissant.

JUGEMENT

Chez les anglo-saxons, le comique est une distinction. Le sens de l'humour est une noblesse. L'humoriste anglo-saxon jouit d'un prestige officiel. En France, c'est l'inverse. Se montrer drôle, c'est risquer d'être pénalisé. Il y a un interdit autour du comique.

L

LACANIEN

La raie est un animal aqueux.

LAPALISSADE

Il y a très peu de vieilles qui meurent jeunes.

LÉPINE

L'inventeur du rétroviseur est un Grec qui voulait reconnaître ses amis.

LIBERTÉ

Je ne conçois les rapports humains que sur rendez-vous.

LOGIQUE

Je préfère les vieux aux jeunes. Qui a déjà hérité d'un jeune ?

LOI

Un type qui tombe à la mer n'a plus sa place à bord.

LUXE

J'ai décidé un jour que, quand je verrais quelqu'un, ce serait un plaisir pas un besoin.

M

MAIGRIR

Mieux vaut un régime de Vittel qu'un régime de Vichy.

MAÎTRISE

Rester debout la nuit offre l'impression très forte de voler du temps à la mort. C'est le plus grand des luxes, et le moins cher.

MAJESTUEUX

Pour moi de l'eau c'est... l'eau de ma baignoire, etc. La mer, ce n'est pas de l'eau, c'est l'Eau, avec majuscules.

MARTYR

Tout homme qui se marie se sacrifie. Il a ça en commun avec le pélican.

MASOCHISME

Quand une femme mange de la morue, il y a quelque chose de cannibale.

MATÉRIALISTE

La grande différence entre nous et les femmes, c'est que nous assouvissons des rêves et elles des besoins.

MAUVAIS GOÛT

Il y a des femmes qui sont cultivées uniquement parce qu'elles ont été bien labourées.

MAUVAISE FOI

Le miracle pour une femme, ce n'est pas de penser à quelque chose, c'est tout simplement de penser.

MAXIME

Les navigateurs sont l'inverse des camemberts : ceux qui ne coulent pas sont les meilleurs.

MÉDECINE

Chaque nouveau bateau est une éprouvette.

MÉNAGER

Mes amis des « Grosses Têtes » sont des gens exceptionnels. Ils ont en plus la pudeur de ne jamais rien faire d'exceptionnel quand je suis avec eux.

MENUISERIE

Sur un tour du monde, la distance rabote les hasards météo.

MESSAGER

– Comment Mahomet reçut-il le Coran ?
– Il a entendu un bruit de mobylette et il s'est retourné.

MÉTAMORPHOSE

Le soir tu couches avec une fille, le matin tu te lèves avec une mère : l'amour ça vieillit.

MÉTHODE

Si l'on faisait mourir les vieux au travail, ce serait autant de lits d'hôpitaux libérés.

MIROIR

Face à une femme, on ne pense pas un mot de ce qu'on dit parce qu'on fait comme elle : on ne pense pas.

MISE EN BRANLE

Le sexe, c'est comme un train : une fois lancé, c'est dur de l'arrêter.

N

NATURE

On reconnaît une fleur femelle à son sac à main.

NATUREL

L'égoïsme conserve un marin comme la glace conserve la viande.

NUANCE

On ne dit pas « dormir dans une tente », on dit « passer la nuit avec un homosexuel ».

O

OBSERVATEUR

Je suis un nomade. Je suis de passage sur terre, en exil, incapable de me fixer nulle part, persuadé que le seul comportement viable est celui de visiteur de cette réalité. Je suis le touriste de ma vie.

OBSERVATION

La chaleur humaine sent souvent la sueur.

OCCUPATION

Je me souviens qu'à une époque Jean Yanne disait aimer le bois de Boulogne. C'est le seul endroit au monde où, quand vous donnez un coup de pied à un buisson, il vous le rend.

ODEURS

La plupart des créateurs de parfums sont des hommes qui ne peuvent pas sentir les femmes.

OPPORTUNITÉ

Une moche qui dit oui, c'est mieux qu'une belle qui dit non.

ORDRE MORAL

Quand je doute de moi, la censure me réconforte.

ORIGINAL

Jean Dutourd est quelqu'un qui a toujours refusé la gravité des cons. J'aime le contraste entre sa culture étonnante et sa gauloiserie. Non seulement il est imbattable, incollable sur une quantité effarante de sujets, mais très drôle aussi, n'hésitant pas à entamer une chanson paillarde, immédiatement après avoir répondu à une question plutôt pointue sur la littérature du XVIIIe siècle.

P

PARADOXE

Le comble pour un marin, c'est de se noyer à terre.

PARTI–PRIS

C'est dans les petits bateaux qu'on trouve les meilleures moules.

PASSÉ (DÉ)COMPOSÉ

Les femmes, il vaut mieux qu'elles aient un passé qu'un avenir, à la vitesse où ça se dégrade.

PASSION

Parce que j'ai toujours eu la conviction que la vie était précaire, j'ai toujours cherché à avoir une vie qui me ferait battre le cœur.

PATIENCE

Les laides sont les plus fidèles. Et elles le deviennent de plus en plus.

PÂTISSERIE

Il n'y a que dans les caveaux des cimetières que les réunions de famille ne se terminent pas par un gâteau.

PÉDAGOGIE

Je suis autoritaire parce que je n'ai pas le temps de m'expliquer.

PEINTURE

Les seins de certaines femmes me font invariablement penser aux montres molles de Dali.

PENSÉE RÉFLÉCHIE

Une femme au bord d'un miroir est vulnérable comme un mouton au bord d'un précipice.

PÉRIL

La navigation dans l'amour n'est pas moins périlleuse que sur la mer. Il y a des naufrages, des régates, des traversées sans encombre et toujours des bateaux qui vieillissent.

PERSONNEL

Si Dieu existe, c'est son problème.

PHILOSOPHIE

Qu'est-ce qu'un autre ? Un reflet de nous habillé différemment avec un corps différent.

PIQUE

Une Portugaise, c'est au poil ! C'est même à ça qu'on la reconnaît !

PLACEMENT

Il vaut mieux une femme riche qu'une héritière, parce qu'une héritière c'est encore, d'une certaine façon, un viager. On est obligé de la cajoler et de la supporter en attendant le fric, alors que celle qui a déjà le pognon... En fait, l'idéal c'est l'orpheline. Celle qui vient de perdre des parents excessivement riches. Celle qui n'a pas encore fini la comptabilité : on arrive, on peut aider. Voilà le profil le plus intéressant.

PLAISANTERIE EN PORT DÛ

En mer, on me parle sur un autre thon.

PLAISANTERIE FINE

Un flamand rose, c'est un Flamand belge qui a pris un coup de soleil.

POÈTES

C'est un rapport physique, un bateau. Quand on est embarqué aussi longtemps, le bateau on le sent comme ses chaussures. Vous les mettez le matin et dans la journée vous n'y pensez plus. Sauf si elles sont mal adaptées à votre pied.

POINTURE

Si les bergers préfèrent les chèvres aux femmes, c'est qu'elles ne parlent pas et qu'en plus elles font du fromage.

POLE POSITION

Je n'ai jamais assisté à une course de spermatozoïdes, et pourtant j'ai souvent donné le départ.

POLITIQUE

Un pauvre en bonne santé est une injustice sociale.

POUBELLE

Elle voulait me donner son cœur et j'avais un mal fou à lui expliquer que je n'étais pas habilité à recevoir des dons d'organes.

POULAILLER

Quand je vois certaines femmes, je me dis qu'il n'y a pas qu'à Noël qu'on se farcit des dindes.

POUVOIR

Pouvoir traverser les océans à la voile, voilà un plaisir que même les milliardaires ne peuvent pas s'offrir. Ils ont beau avoir tout l'argent du monde, la mer, quand on ne la connaît pas, elle vous crache à la gueule. Et puis elle vous engloutit. Ce qui est, d'ailleurs mal élevé.

POT-POURRI

C'est quoi la littérature ? Ce sont des âmes dont l'auteur raconte ou dissèque les voyages, différents du nôtre. C'est cela qui passionne.

PRAGMATIQUE

Plus jeune, je voulais être agriculteur parce que le monde rural, comme l'univers des marins, est un monde réel. On ne triche pas avec la mer, on ne triche pas non plus avec la terre, pas davantage qu'avec le temps. Si on ne sème pas à la bonne saison, rien ne pousse. Toutes les idéologies politiques qui ont voulu modifier le monde paysan ont échoué parce que le monde agricole ne peut être géré par des théories, il est régi par la réalité.

PRATICIEN

Le vrai voyage, c'est le voyage vers soi.

PRATIQUE

Les cigognes installent leurs nids sur des cheminées pour faire cuire leurs œufs.

PRÉDICTION

Moins les femmes seront femmes, moins elles rencontreront d'hommes. Même évidence pour nous!

PREMIER PAS

La femme, c'est l'ancêtre du paillasson.

PRÉTEXTE

Il y a des enterrements où l'on aimerait être pour avoir du chagrin.

PRÉVENANT

Faut pas tuer les femmes, ça peut servir à d'autres.

PRISONNIER

La ceinture de sécurité a été inventée pour que le blessé ne puisse pas s'échapper avant l'alcootest.

PROGRÈS

La femme, on la remplace de plus en plus par les aspirateurs et les machines à laver.

PROTECTION

Dans une société digne de ce nom, on devrait pouvoir porter plainte pour coups de soleil.

PUISSANCE

La mer est capable de tordre une tourelle de cuirassé comme une petite cuillère.

PUNITION

Quand un mec tombe à l'eau, primo il faut lui balancer un cordage ; secundo il faut le ramener doucement près du bord ; tertio il faut lui demander où il planque son argent ; quarto, quand il a craché le morceau, il faut lâcher le cordage, ce serait inhumain de le laisser sans rien à la mer ; quinto, si le type réussit quand même à remonter, il faut inscrire son nom sur le cahier des punitions.

Q

QUOTIDIEN

Dans le gros temps, il n'y a pas de vie sociale : c'est barrer-veiller-manœuvrer-bouffer-dormir et recommencer. Les possibilités d'accrochage sont extrêmement réduites : on est pris à plein temps. Seule une pause offre des moments pour s'engueuler.

9

R

RACCOURCI

Dans mon enfance, la vie était une longue obligation qui, un jour, nous permettrait de gagner le ciel. Et moi, je voulais une courte facilité qui me permette, tout de suite, de gagner la mer.

RADEAU

Une femme sans poitrine, c'est un bateau sans voiles.

RAFFINÉ

Dans une vraie société de jouisseurs, l'alcootest ne donnerait pas seulement le nombre de grammes d'alcool dans le sang, mais aussi le cépage et le millésime.

RAGE

J'ai parfois pleuré, et c'était toujours de mes impuissances.

RAPIDITÉ

Ce que je préfère entre une belle pauvre et une riche moche ? Celle qui dit oui la première.

RATTRAPAGE

Philippe Castelli compense par de la bêtise ce qui lui manque d'intelligence.

RÉACTION

Dans certains cas, je suis comme les crabes, je n'aime pas qu'on me mette en boîte.

RÉALITÉ

Je n'ai jamais pu dessiner. J'ai deux mains gauches.

RÉALISME

En mer, la nuit, je capte des lumières d'étoiles éteintes des millions d'années auparavant et je me sens encore plus un fugitif agglomérat de cellules, dans un colossal conglomérat de matière, une écharde de sang, une bribe de Breton en visite, suspendu dans l'univers.

RÉCIT

La course ce n'est pas délicat. C'est violent. On entre en religion pendant un mois. On ne vit plus que pour le bateau, par le bateau : une sorte d'état second. Le sommeil, par exemple, est un sommeil sans rêves, un sommeil biologique qui ressemble à un évanouissement. On s'affronte, on se coltine ses défauts, sa médiocrité. C'est bon. Ça lave tout. Cela vous fait connaître l'enfer. Et quelquefois le ciel. Juste quelquefois. Mais alors !!!

RECOMMANDATION

Je suis parti pour un tour du monde et si j'ai quelque chose à demander aux autres pour la bonne année, c'est : « Hé ! les mecs, pas de bêtises pendant que je suis parti. N'allez pas déclarer la guerre mondiale ou une autre connerie de ce genre. Attendez que je sois revenu. J'ai un bateau avec lequel je veux réussir le tour du monde... j'aimerais bien ne pas être dérangé pendant ce temps-là. »

RECONNAISSANCE

Mes équipiers ont dépassé les limites de leur résistance. Ils se sont dépensés sans compter. S'il existait une banque de l'énergie, leur compte serait à découvert.

RECUL

Il y a peu de choses, et encore moins de gens, que je déteste réellement. Ou j'aime ou je demeure indifférent. Plus je vieillis, plus je suis incapable de rejeter.

Détester est un exercice que l'on pratique durant son adolescence : il nous permet de savoir ce que l'on aime réellement.

RECYCLAGE

Quand la femme ne sert plus de marmite, elle sert de couvercle.

RÉFLEXION

L'ennemi, c'est la routine. En s'isolant, on s'oblige à ne pas perdre de temps et à ne chercher que l'essentiel dans les relations avec autrui.

REGARD

Sur la mer, mes yeux n'ont perçu durant vingt à soixante-dix jours, avant tout, que la gamme des quatre cents bleus. En rentrant à terre, dans la rue, les femmes ont l'air d'être habillées comme des arcs-en-ciel.

RÉGIME

En mer, je ne mange que du turbot.

REGRET

Je n'ai plus le temps de me confesser. Je ferais mieux d'envoyer au curé un polaroïd de ce que je fais : ça va plus vite.

RÉHABILITATION

Il n'y aurait rien de plus triste qu'une terre sans femmes ; cela deviendrait un monde sans rêves.

RELIGION

Il m'arrive de croire en Dieu. Surtout dans les tempêtes. Le reste du temps, c'est en moi que je crois.

REMÈDE

Ce ne sont pas les vagues les plus impressionnantes des océans qui m'ont toujours préservé de l'ennui du réel, mais l'éclat de rire, l'unique coup de vent susceptible de secouer les terriens.

RÉPLIQUE

– Elle m'agresse, l'autre bécasse !
SOPHIE FAVIER. – Soyez poli.
– C'est pas un jugement, c'est un portrait.

RESSOURCES

Il est parfaitement indigne de considérer les femmes comme de simples objets sexuels : elles savent aussi coudre, laver et balayer avec talent !

RESTAURATION

Ce n'est pas d'un chirurgien esthétique dont ont besoin certaines femmes, mais d'un conducteur de travaux.

RÊVE

Dans la solitude des mers, l'imaginaire oscille entre deux extrêmes : soit il s'endort, soit il s'enflamme.

RÉVÉLATION

Naviguer en solitaire, c'est une bénédiction. Qui a encore le privilège de rester seul pendant plusieurs mois ? On va au bout de soi, on s'affronte, on passe ses limites, on se coltine ses défauts, sa médiocrité : c'est impitoyable. On découvre sa véritable nature, pas toujours flatteuse. Mais le plus dur ça reste encore le retour, l'arrivée, le moment où il faut rebrancher son récepteur à conneries.

RÊVER

Quand une femme a de l'humour, c'est mieux qu'une femme.

ROMANTISME

Chaque homme en a et chaque femme en rêve.

RYTHME

La vraie préparation d'un solitaire du tour du monde, c'est ne plus avoir de journée type, c'est s'habituer à manger à ses heures ou à s'endormir brutalement, en plein milieu de journée par exemple.

S

SAGACITÉ

Le commandement n'a pas été une décision philosophique : c'est venu avec l'âge, comme l'acné avec la puberté.

SAGESSE

J'envie les vieux. Ils se taisent : ils savent qu'il n'y a rien à dire, que toute parole est vaine. Dès qu'on raisonne, on devient moins intelligent.

SANG-FROID

Chez une femme, il faut d'abord regarder le train et penser à l'atterrissage avant de songer au décollage.

SAVOIR-VIVRE

La tolérance, c'est oublier l'inepte pour se souvenir de l'élégance.

SCÉNARIO

Une actrice sait qu'elle est très vieille le jour où c'est une infirmière qui lui remet son cachet.

SEL DE LA TERRE

L'histoire drôle apporte un morceau de sucre dans la vie, mais cela met souvent du temps à fondre, et je n'aime pas attendre une fin pour pouvoir rire.

SÉLECTION

Le temps m'a souvent permis de passer d'aimer à chérir.

SENTENCE

Je suis étanche aux cons et aux jugements de valeur, et parfois je le regrette : quel voyage cela doit être de juger et de penser comme eux.

SÉRIEUX

Pour les cons, la compétence doit se truffer de gravité.

SERMON

Surestimer l'adversité d'une tempête, c'est perdre la course. Sous-estimer son évolution, c'est la mort.

SIMILITUDE

Les femmes sont complètement différentes, elles ne sont que différences.

SIMPLICITÉ

On nous casse les couilles à nous parler de culture avec un grand Cul. Il faudrait avoir lu tous les auteurs yougoslaves, connaître Tacite dans le texte, être féru de cinéma arménien... mais la culture, n'est-ce pas aussi et d'abord se promener tranquillement dans des mondes différents ?

SINCÉRITÉ

Les animaux ont cet avantage sur les hommes qu'ils n'ont pas besoin de parler avant de faire l'amour. Le taureau arrive, il renifle le croupion de la vache, il lui grimpe dessus, puis s'en va... tout ça pour pas un rond. Ça fait quand même bien des avantages.

SIRÈNE

Je n'emporte pas de lecture à bord. Pour quoi faire ? Je n'ai pas la tête à ça. Ni livres, ni sucreries, ni musique. Celle de la mer me suffit. Un air d'opéra, un concerto, c'est daté. Le chant de la mer, c'est l'éternité dans l'oreille.

SKI

Les éboueurs maliens portent des passe-montagnes parce qu'on leur a fait croire que ramasser les poubelles en banlieue, c'étaient les sports d'hiver.

SOLIDARITÉ

Il est souvent moins dangereux de voler à l'étalage qu'au secours de quelqu'un.

SOURCE

La peur est le meilleur des moteurs. C'est elle qui fait partir. De peur que, si l'on ne court pas après ses rêves, sa vie soit foutue. De peur d'en mourir de chagrin. De peur, surtout, de ne pas oser aller voir plus tard dans les mers sans oiseaux si l'on y est encore.

SOUVENIR

Il ne m'est jamais rien arrivé de plus exécrable que l'enfance.

SPA

J'ai toujours préféré une poulette de l'année à une vieille poule.

SPECTACLE

Le slip est au sexe de l'homme ce que le rideau est au théâtre, mais il n'y a pas toujours les trois coups.

SPORTIFS

Les intellos vivent la tête la première.

STATUE

La femme espagnole, jambes et fesses mêlées, est bâtie pour s'asseoir.

STOÏQUE

La vie à terre ne m'apporte guère d'émotions. Sur le sol ferme, je ne m'amuse pas. Les vanités qui aiguillonnent l'humanité m'indiffèrent.

STRATÉGIE

Le romantisme est à la femme ce que le couteau à huîtres est au mollusque : un moyen de l'ouvrir.

SUBCONSCIENT

En mer, quand on dort, on ferme les yeux, mais on garde les oreilles ouvertes.

SUGGESTION

Pour diminuer les encombrements, il suffirait de faire rouler les voitures à droite et les camions à gauche.

SUPPLICE

Les écartelés sont plus grands morts que vivants !

SURPASSER

L'aventure, c'est aller tripoter le cul du diable. Accepter de se voir nu dans la tristesse et dans la joie. Sans témoin et sans pudeur. Sans honte et sans fierté. C'est aller jusqu'aux limites de sa résistance et les dépasser. Les vrais voyages sont en soi.

SURPRISE

Faire rire quelqu'un, c'est une formidable complicité. Quand quelqu'un me fait rire, je prends ça comme un cadeau.

SURTAXE

C'est une très vieille famille pieds-noirs, descendants de la merguez de Sévigné.

SURVIE

L'éclairage du rire est indispensable pour annihiler le temps. L'humour conserve.

SYMBOLISME

Quand je me baigne, j'ai l'impression d'être Sarah Bernhardt installée dans son cercueil.

SYMPATHIQUE

Au large, je n'ai rendez-vous qu'avec moi-même. Je déjeune avec moi. Je ne m'ennuie jamais. Je me trouve de bonne compagnie.

T

TABLEAU

J'aime la campagne lorsque la tache océane est au bout.

TABOU

Les Français vénèrent ce qui les emmerde et ont honte de ce qui les fait rire.

TAILLE

Jadis, avant son voyage au Maroc en canot de sauvetage, Amanda Lear avait le caleçon plus garni que le rayon foie gras des Galeries Lafayette la veille de Noël.

TEMPÉRANCE

Le bateau m'a appris le mauvais temps et enseigné la sagesse : école d'humidité et d'humilité.

TÉNÈBRES

C'est encore plus triste de ne pas regarder la mort en face que d'accepter lucidement la tristesse qu'implique son rendez-vous.

TERRAIN D'ENTENTE

L'évidence qui réconcilie la Bible et le Coran : celle de la supériorité de l'homme sur la femme.

TESTER

Baiser la main d'une femme permet d'évaluer la marchandise.

TICKET

On devrait prendre l'autoroute à contresens : au lieu de payer le péage, on nous rembourserait.

TOLÉRANCE

Le cerveau de l'homme pèse deux cents grammes de plus que celui de la femme et cela ne lui suffit pas toujours pour supporter cette dernière.

TOUCHANT

Une femme, ça ne vit pas pareil qu'un homme. La plus intelligente, la plus douée, la plus glacée ressemble à un lapin dans l'herbe si vous lui offrez un bouquet de fleurs.

TOURMENTE

Parfois l'océan est entre le noir, le vert et le gris. C'est dantesque. Malgré l'écume blanche, l'hostilité est déclarée. Tout est noirâtre, sombre, triste. Lugubre. Le vent hurle, les nuages cavalent, les grains éclatent, c'est maudit. Où que se tourne le regard, c'est infect. C'est un monde hostile, ça bouillonne. Je suis là, encerclé, à me demander si la cuisson va se faire ou pas en espérant m'en sortir. Pris au piège dans une marmite infernale.

TRANSFORMATION

Sim est né du croisement de son père et d'une poupée gonflable.

TRANSPORT

Sur mon bateau, je n'embarque jamais personne. Ce n'est pas un promène-couillons.

TRAVELOS

S'il y a un incendie au bois de Boulogne, le Brésil sera déclaré pays sinistré.

U

UNIVERS

Les nuits de pleine lune, le bateau ne bouge plus. C'est la lune qui navigue.

URBANITÉ

Le silence est le minimum de politesse qu'on attend des autres.

USTENSILE

Les Canadiennes ont un accent tellement détestable qu'il vaut mieux leur faire l'amour avec un walkman.

UTILE

Tuer des animaux sauvages n'est indécent que dans la mesure où l'on ne les consomme pas.

UTILITÉ

En mer je n'emporte pas de photos. Les souvenirs sont en moi, je n'ai pas besoin de les afficher.

UTOPIE

La différence entre « intellectuels » et « intelligence » n'est hélas pas si subtil que cela.

V

VALEUR

Parlons argent, puisqu'il n'y a que cela de sincère !

VAPEUR

Pour moi, un homme dépourvu d'humour est un homme dangereux. Comment peut-il faire face à la vie au premier degré ? Et à la mort ? La dérision est le pot d'échappement du stress.

VELOURS

Rien de plus doux n'existe que la contemplation des vastes pans d'ombres satinées, profondes, encerclant le bateau et les voiles.

VÉRITÉ

On n'échappe pas à soi-même en fuyant sur les mers. C'est l'inverse qui s'y produit.

VERMOT

Le requin-marteau est un animal qui m'a toujours frappé.

VOCATION

Dire des conneries aux « Grosses Têtes » est une gymnastique des méninges ; et quand en plus ça vous rapporte de l'argent, on se dit qu'on est mieux là que derrière un guichet de la Sécurité sociale.

VOL

L'Europe s'éloigne de l'Amérique d'un centimètre par siècle, c'est pourquoi le prix de la traversée augmente chaque année.

VOLONTÉ

Il faut être un génie pour ne pas sortir idiot d'une grande école.

VOYAGEUR

Dans un tour du monde, il y a les tourdumondistes et les tourdumondains.

VULGAIRE

On a déjà vu des femmes faire la queue devant les grosses têtes, mais jamais faire la tête devant les grosses queues.

W-X

WATER-POLO

La mer, c'est l'auberge espagnole : on emmène ce qu'on est, on vit ce qu'on est. La mer est un révélateur fantastique de chaque être. Elle n'apporte rien par elle-même.

XÉNOPHILIE

La culture, c'est la reconnaissance, puis la connaissance des différences.

Y

YOGA

Le bateau ne pardonne rien et les hommes s'y voient nus, dans la peur, la peine ou la joie.

C'est l'école de l'impossible et de la tolérance, de la rugosité et de la tendresse. Peut-être, plus simplement, de l'intelligence.

Z

ZIG-ZAG

En bateau il y a une émotion proche du vertige à glisser à haute cadence, mais apparemment immobile, dans un monde sans aucun relief, saturé d'ombre, dénué d'horizon, où pas un reflet de vague n'offre une échelle, une perspective pour se situer.

ZOOLÂTRE

Nous, les Bretons, nous sommes des Celtes, des hommes d'une autre terre, nous n'avons rien à faire en pays tropical. Il nous faut du mauvais temps, un univers salé, où l'on prend des rafales de vent glacé. On ne peut pas vivre au milieu des fleurs et des filles. Ce n'est pas notre destin.

ZOOLOGIE

Serpidé : animal d'origine portugaise que l'on rencontre généralement muni dans l'escalier d'une serpillière.

SI J'AI ACCEPTÉ D'ILLUSTRER LES PENSÉES DE KERSAUSON C'EST UNIQUEMENT POUR DE L'ARGENT.
TU ME RASSURES!
Wolinski

INDEX

D

E

F

P

Q

R

S

L'HUMOUR AU CHERCHE MIDI ÉDITEUR

Collection
« Les Pensées »

• *Les Pensées*
d'
ALPHONSE ALLAIS

• *Les Pensées*
de
JOSÉ ARTUR

• *Les Pensées*
d'
YVAN AUDOUARD

• *Les Pensées*
des Boulevardiers
ALPHONSE KARR,
AURÉLIEN SCHOLL,
GEORGES FEYDEAU,
CAMI

• *Les Pensées*
de
PHILIPPE BOUVARD

• *Les Pensées*
d'
ALFRED CAPUS

• *Les Pensées*
de
CAVANNA

COLUCHE
• *Pensées et anecdotes*
dessins de Cabu, Gébé, Gotlib, Reiser, Wolinski

• *Les Pensées*
de
COURTELINE

• *Les Pensées*
de
PIERRE DAC

• *Pensées et anecdotes*
de
DALI

• *Les Pensées*
de
JEAN DUTOURD

• *Les Pensées*
de
GUSTAVE FLAUBERT

• *Les Pensées*
d'
ANATOLE FRANCE

• *Les Pensées*
d'
ANDRÉ FROSSARD

DE GAULLE
• *Pensées, répliques*
et anecdotes
choisies par Marcel Jullian

• *Pensées, maximes et anecdotes*
de
SACHA GUITRY

• *Les Pensées*
de
JULES RENARD

• *Les Pensées*
de
RIVAROL

• *Les Pensées*
de
BERNARD SHAW

SIM
• *Le Penseur*

• *Les Pensées*
de
JACQUES STERNBERG

• *Pense-bêtes*
de
TOPOR
illustré par lui-même

• *Les Pensées*
d'
OSCAR WILDE

Collection
« Le Sens de l'humour »

TRISTAN BERNARD
• *Dictionnaire humoristique de A à Z*

PHILIPPE BOUVARD
• *Riez avec les Grosses Têtes*

Laurence COCHET
• *Y a-t-il de la place pour deux dans un couple ?*

Pierre DAC
• *Les Petites Annonces de l'Os à moelle*

• *Essais, maximes et conférences*

James DARWEN
• *Le Meilleur de l'humour anglo-américain*

Pierre DRACHLINE
• *Dictionnaire humoristique des surréalistes et des dadaïstes*

Patrick FONT
• *La vérité est bonne à dire quand elle a cessé d'être vraie*

• *Y en a un peu plus, j'vous l'mets quand même ?*

FONT et VAL
• *Vingt ans de finesse*

Philippe HÉRACLÈS
• *Le Grand livre de l'humour noir*
Illustrations de Kerleroux

• *Le Petit Macho de poche*
Illustrations de Spinga

Ingrid NAOUR
et Maurice RAJFUS
• *L'humour des Français sous l'Occupation*

Jean RIVOIRE
• *Vacheries*
Dictionnaire des insolences

Philippe VAL
• *Allez-y, vous n'en reviendrez pas*

Imprimé en France par la Société Nouvelle Firmin-Didot
Dépôt légal : novembre 1995
N° d'édition : 401 - N° d'impression : 33296
ISBN : 2-86274-401-8